anythink

¡HORA DE BÉISBOL!

por Brendan Flynn

BUMBA BOOKS™
en español

EDICIONES LERNER ◆ MINNEAPOLIS

Nota para los educadores:

En todo este libro, usted encontrará preguntas de reflexión crítica. Estas pueden usarse para involucrar a los jóvenes lectores a pensar de forma crítica sobre un tema y a usar el texto y las fotos para ello.

ediciones Lerner
Una división de Lerner Publishing Group, Inc.
241 First Avenue North
Mineápolis, MN 55401, EE. UU.

Si desea averiguar acerca de niveles de lectura y para obtener más información, favor consultar este título en www.lernerbooks.com

Library of Congress Cataloging-in-Publication Data

Names: Flynn, Brendan, 1977– author.
Title: ¡Hora de béisbol! / Brendan Flynn.
Other titles: Baseball time! Spanish
Description: Minneapolis : Ediciones Lerner, [2017] | Series: Bumba books en español — ¡hora de deportes! | Translation of author's Baseball time! | Includes bibliographical references and index.
Identifiers: LCCN 2016025462 (print) | LCCN 2016028536 (ebook) | ISBN 9781512428704 (lb : alk. paper) | ISBN 9781512429794 (pb : alk. paper) | ISBN 9781512429800 (eb pdf)
Subjects: LCSH: Baseball—Juvenile literature.
Classification: LCC GV867.5 .F5918 2017 (print) | LCC GV867.5 (ebook) | DDC 796.357—dc23

LC record available at https://lccn.loc.gov/2016025462

Fabricado en los Estados Unidos de América
1 — VP — 12/31/16

Expand learning beyond the printed book. Download free, complementary educational resources for this book from our website, www.lerneresource.com.

Tabla de contenido

Jugamos al béisbol

El béisbol es un deporte divertido.

La gente juega al béisbol en

el verano.

bate

pelota

guante

6

Necesitas un bate.

Necesitas una pelota.

Necesitas un guante.

El *infield* está hecho

de tierra.

Hay cuatro bases.

El *outfield* está hecho

de césped.

¿En qué parte
del campo están
las bases?

Un equipo juega contra un otro.

Uno de los equipos empieza

a jugar en el campo.

El otro equipo batea.

El lanzador lanza

la pelota.

El bateador trata de

golpearla con el bate.

Le pega a la pelota.

Corre a la primera base.

¿Por qué
usa un casco
el bateador?

13

Los jugadores de campo tratan

de atrapar la pelota.

Ellos también pueden tocar

al bateador con la pelota.

Entonces, el bateador queda *out*.

Los equipos cambian de lado

después de tres *outs*.

¿Por qué
usan guantes
los jugadores
de campo?

Un jugador corre alrededor

de todas las bases.

A esto se le llama una carrera.

El equipo con las más

carreras gana.

Puedes ver un juego de béisbol

en un parque.

También puedes ver los juegos

en la televisión.

Los jugadores y sus fans pueden

divertirse en el parque de béisbol.

Campo de béisbol

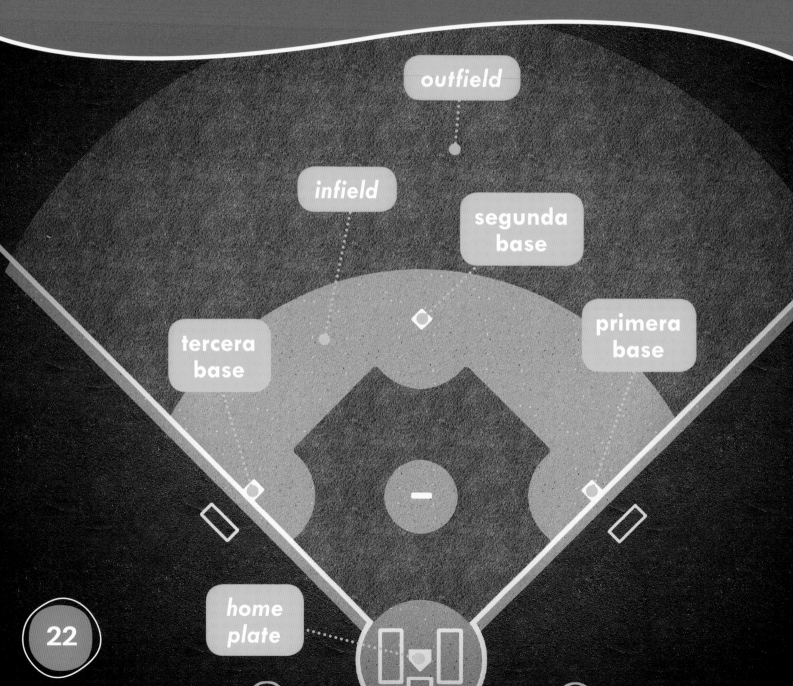

outfield

infield

segunda base

tercera base

primera base

home plate

Glosario de las fotografías

bases

cuatro puntos en el *infield* donde el corredor corre

infield

la parte del campo con tierra

jugadores de campo

jugadores que tratan de sacar al bateador

outfield

la parte del campo con césped

Índice

Leer más

Berne, Emma Carlson. *What's Your Story, Jackie Robinson?* Minneapolis: Lerner Publications, 2016.

Morey, Allan. *Baseball.* Minneapolis: Bullfrog Books, 2015.

Nelson, Robin. *Baseball Is Fun!* Minneapolis: Lerner Publications, 2014.

Crédito fotográfico